Johannes Berthold

# In Nazareth war nie viel los

# In Nazareth war nie viel los

*Die Weihnachtsgeschichte in Reimen nacherzählt von Johannes Berthold*

Evangelische Verlagsanstalt Berlin

Schutzumschlag und Illustrationen Fred Westphal

ISBN 3-374-00563-2


1. Auflage
Lizenz 420.205-107-88. LSV 6530. H 5971
Printed in the German Democratic Republic
Satz und Druck: Graphischer Betrieb Jütte, Leipzig
Bindearbeiten: Buchbinderei Südwest, Leipzig
00380

# Maria und Joseph

In Nazareth war nie viel los,
doch heute ist der Trubel groß.

Man reckt die Hälse, steht auf Zehen,
nur um den Mann aus Rom zu sehen.

Der unterdessen blickt gelassen
rings um sich auf die Menschenmassen

und ruft dann laut: »Seid doch mal leiser,
ich habe ein Gebot vom Kaiser!

Ihr seht, ich habe hier Papiere –
und jetzt hört zu, denn ich zitiere:

›Als Kaiser bin ich interessiert
an dem, was überall passiert.

Und nichts geschieht im ganzen Reich,
wovon als Kaiser ich nichts weiß.

Ob einer gut, ob schlecht sich führt –
in Rom wird alles registriert.

Das Römerreich – die ganze Welt –
mein starker Arm zusammenhält.

Nur eines lief bei uns hier schief,
und deshalb schreib ich diesen Brief:

Unsre Statistik hat ein Loch –
genaue Zahlen fehlen noch.

Kurzum – es interessiert mich eben,
wieviel in meinem Reiche leben.

So müssen wir euch zählen – leider,
wegen der Steuern und so weiter.

Gezählt wird jeder, Mann und Frau,
auch kleine Kinder – ganz genau.

Damit uns keiner geht verloren,
geht dorthin, wo ihr seid geboren.

Ich hoffe, daß ihr gut pariert.
Wer nicht gehorcht, wird abgeführt.‹«

Der Bote steckt darauf leger
den Brief zurück ins Briefkuvert.

»Jetzt seid ihr alle informiert.
Macht, daß ihr keine Zeit verliert.

Wenn ihr befolgt, was ich verlesen,
dann ist die Sache bald vergessen.«

Die Leute standen ganz betreten,
und keiner wagte, laut zu reden.

Das war in diesem Fall gescheiter.
Sie dachten nur: Das wird ja heiter!

Denn Reisen war – ich sag es ehrlich –
im Römerreich noch sehr beschwerlich.

Auch Joseph hörte das Gebot.
Vor Zorn war sein Gesicht ganz rot.

Er knurrt erbost: »Des Kaisers Plan
kommt nur von seinem Größenwahn!

Der will sich teure Sachen kaufen,
und wir – wir müssen dafür laufen!«

Am Abend kam er dann nach Haus.
Er sah noch immer zornig aus.

Es war bereits der Tisch gedeckt,
doch hat ihm einfach nichts geschmeckt.

Auch Fisch hat er heut nicht vertragen,
zu schwer lag das Gebot im Magen,

das Herr Augustus ausgeheckt.
Maria hat gleich abgedeckt.

»Mir ist das alles gar nicht lieb!
Was wird denn hier aus dem Betrieb?

Ich mache nur noch Überstunden
und komme kaum über die Runden.

Ja, Nazareth ist übel dran –
es gibt nur einen Zimmermann.

Zum Reisen hab ich keine Zeit.
Doch du tust mir am meisten leid.

Denn Bethlehem, mein Heimatort,
liegt über achtzig Meilen fort.

Das wird an deinen Kräften zehren,
und bald wirst du das Kind gebären.

Maria, sag, wo ist da Gott?
Er schläft vielleicht, sieht nicht die Not.«

Und Joseph schwieg. Maria saß,
den Kopf gesenkt, die Augen naß.

»Das alles macht mich ganz benommen.
Ich spüre es, das Kind wird kommen

in ein paar Tagen, vielleicht morgen.
Ach, Joseph, auch ich mach mir Sorgen.

Doch weiß ich, Gott, der Herr, schläft nicht.
Und auch im Dunkeln ist sein Licht.

Ihn kann und mag ich nicht anklagen.
Ich will ihm alle Sorgen sagen.

Denn nicht Augustus ist es, der
die Welt regiert, sondern der Herr.

Er gab dem Kind in mir das Leben.
Wie sollt' er uns nicht Hilfe geben?«

Maria hat noch vor der Nacht
das Nötigste zurechtgemacht.

Vor allem denkt sie an das Kind,
an warme Decken gegen Wind,

an Windeln und an etwas Creme,
an Josephs Jacke, die bequeme,

natürlich auch an Proviant,
für'n Notfall auch etwas Verband.

Fast fallen ihr die Augen zu,
sie legt sich hin und schläft im Nu.

Die Morgensonne sah die beiden,
wie sie bereits den Weg beschreiten,

der an der Kreuzung links abbog
und sich ins Tal nach Süden zog.

Ich sagte schon, in dieser Zeit
war Reisen keine Kleinigkeit.

Denn vieles, was man heut besitzt,
die Technik, die uns sehr viel nützt,

das Auto und die Eisenbahn,
womit man heute reisen kann,

das hat es damals nicht gegeben.
Wer reisen wollte, mußte eben

zu Fuß gehn, was oft sehr beschwerlich
und manchmal ja sogar gefährlich.

Natürlich waren da die Leute
gesünder oft als viele heute.

Auch stachen niemand in die Nase
unangenehme Auspuffgase.

Und dennoch: Trotz der guten Seiten –
die Leute warn nicht zu beneiden.

Auch Joseph und Maria nicht,
zumal wohl niemand wär erpicht,

so kurz vor dem Geburtstermin
noch durch die halbe Welt zu ziehn.

Besonders für Maria war
der Weg sehr schwer, und unsagbar

war oft der Schmerz in ihren Beinen.
Maria mußte manchmal weinen.

In einem solchen Augenblick
hat Joseph sie mit viel Geschick

und mit Geduld getröstet dann.
Das hat Maria gutgetan.

Und auf des braven Esels Rücken
konnt' sie sich ab und zu erquicken.

Ja, dieses treue Tier erwies sich
auf dieser Reise als sehr dienlich.

Der Weg schien ihnen ohne Ende,
er zog sich mühsam durchs Gelände.

Obwohl sie sich schon sehr beeilten
und nirgends lange Zeit verweilten,

mußten sie fünfmal übernachten,
bis sie den Weg zu Ende brachten.

Mal wohnten sie bei alten Leuten,
die über den Besuch sich freuten.

Mal konnten sie sich in den Bergen
in einer Hütte ausruhn, stärken.

Nachdem sie Abendbrot gegessen,
da haben sie gern noch gesessen.

Maria hat beim Kerzenschein
dann für das kleine Kindelein

ein warmes Jäckchen noch gestrickt,
bis sie dann langsam eingenickt.

Und Joseph hat es nie vergessen,
noch in der heilgen Schrift zu lesen.

Doch anderntags ging's zeitig fort.
So zogen sie von Ort zu Ort.

Kaum jemand lief sonst diese Strecke,
doch traf man jetzt an jeder Ecke

in diesen Tagen Menschen an,
sogar Ausländer dann und wann.

Der ganze Erdkreis schien bewegt,
und jeder hat sich aufgeregt

über die Launen des Augustus
und daß nun jedermann dorthin muß,

wo er das Licht der Welt erblickt.
Das hielt man einfach für verrückt.

Nach Tagen dann, wie sie so gehen,
da bleibt Joseph auf einmal stehen.

Er zeigt nach vorn mit seiner Hand,
denn dort mitten im Weideland,

da kann man plötzlich Häuser sehn.
»Hurra, wir sind in Bethlehem!

Maria, sieh, die Häuser dort
im Tal, das ist mein Heimatort.

Mein Gott, ich kann's noch gar nicht fassen,
als Kind hab ich das Dorf verlassen

und es seitdem nicht mehr gesehen.
Inzwischen ist hier viel geschehen.

Doch manches ist mir noch bekannt –
das Feld, die Scheune dort am Rand …

Wie bin ich froh, wir sind nun da.
Wir sind am Ziel – Halleluja!«

In Bethlehem war ein Gedränge,
die Straßen waren viel zu enge.

Das Dörfchen platzte aus den Nähten.
Vor allem aber in den Läden

war dieser Tage Hochbetrieb,
so daß kaum etwas übrigblieb.

Zum Beispiel an dem Fleischerladen,
dort, wo sie heute Broiler braten,

da stand die Schlange bis zum Schmied.
Irgendwoher erklang ein Lied.

Man drängte, schob und schimpfte auch.
Der Schutzmann hielt sein Schwert vorm Bauch.

Er stand vorm Polizeigebaude
und musterte genau die Leute.

Maria wurde das Gewühl
dahier mit einem Mal zuviel.

»Joseph, ich glaub', in ein paar Stunden,
da hab ich sicherlich entbunden.«

Er dachte erst, das wär ein Scherz,
doch sah er dann, wie sie vor Schmerz

ganz kläglich auf dem Esel saß,
und ihr Gesicht war richtig blaß.

»Wir brauchen schnell ein Nachtquartier.
Maria, bitte, warte hier.

Es dauert nur 'nen Augenblick.
Ich komme sicher gleich zurück.

Dort im Hotel unter den Linden,
da wird sich wohl ein Zimmer finden.«

Doch Joseph hatte sich geirrt.
Der Grobian von einem Wirt,

der ihm im Flur entgegenkam,
der schrie ihn schon von weitem an:

»Was suchst denn du hier, scher dich fort!
Bei uns bist du am falschen Ort.

Du siehst nicht grade vornehm aus.
Hau ab, sonst schmeißen wir dich raus!«

Er hat noch widerlich gegrient.
Da war Joseph ganz schön bedient.

Es war jetzt später Nachmittag,
die Sonne schon im Westen lag,

als Joseph durch die Straßen hetzt,
doch alles war heut voll besetzt.

Er rang die Hände und er flehte,
doch fiel man ihm gleich in die Rede:

»Ansonsten wärn wir gern gewillt,
doch heute sind wir überfüllt.

Es geht beim besten Will'n nicht – leider.«
Und Joseph zog ganz traurig weiter.

Wo er auch klopft, es ist vergeblich.
Auch wurde es schon langsam neblig.

Er hatte nun nach knapp zwei Stunden
noch immer kein Quartier gefunden.

Vor Sorge war sein Herz ganz schwer,
er ängstigt sich nun immer mehr.

»Die Nacht wird kalt, wir werden frieren,
wenn wir im Freien hier kampieren.

Das ist unmöglich! – Und das Kind!
Ach, daß sich doch ein Zimmer find't!«

Er geht noch etwas gradeaus,
da steht am Rand ein kleines Haus.

Er weiß, dort wohnt ein alter Hirt,
der sich an ihn erinnern wird.

Er klopft – und er erzählt die Not
dem alten Hirt. »Erbarm sich Gott!

Ihr zwei, ihr tut mir wirklich leid!
Doch kommst du so hereingeschneit.

In meinem Hause hab ich hier
beim besten Willen kein Quartier.

Doch freilich, eure Not ist groß
und rührt mich sehr. Was mach ich bloß?

Ich hab's! Joseph, da vor dem Ort,
du weißt doch, bei dem Felsen dort,

da hab ich einen Stall – ganz klein –
ihr werdet dort alleine sein.

Auch warm ist's dort bei meinen Tieren,
so müßt ihr diese Nacht nicht frieren.«

Maria wartete verlassen
und einsam in den Menschenmassen.

Die Angst bedrückte sie inzwischen,
all ihre Hoffnung war gewichen,

in diesem Dorf ein Dach zu finden,
wo sie ihr Kindlein konnt entbinden.

Als Joseph endlich wiederkam,
da blickte sie ihn fragend an.

»Ich bin durchs ganze Dorf gekommen,
doch niemand hat uns aufgenommen.

Doch etwas draußen, gar nicht weit,
da steht für uns ein Stall bereit.

Da können wir bei Ochs und Schafen
in dieser Nacht ausruhn und schlafen.«

Da lagen sie, auf Stroh, ganz arm,
doch war es wenigstens hier warm.

Es leuchtete in weiter Fern
ein wundervoller klarer Stern.

Sein heller Schein durchs Fenster fällt,
da kam das Jesuskind zur Welt.

Und Joseph legt es zart und sacht
Maria in den Arm. Sie lacht

vor Freude, und ihr Blick
strahlt voller Liebe und vor Glück.

Und in des Stalles Einsamkeit
geschieht, was Gott vor Ewigkeit

in seinem Herzen einst beschloß,
nun liegt es in Marias Schoß:

Das Kind, das in der tiefsten Nacht
das Licht in unsre Welt gebracht.

Am Balken hängt Josephs Laterne,
und leise klingt aus weiter Ferne

und immer näher an das Ohr
der Engel Lied in frohem Chor:

»Lob, Ehr sei Gott im höchsten Thron
und Jesus Christus, seinem Sohn,

und Fried den Menschen auf der Welt,
die leben, wie es Gott gefällt.

Denn Gott, der Herr, hat heut getan,
was die Propheten sagten an:

›Du Bethlehem im Judaland,
den wenigsten bist du bekannt.

Doch dich hab ich mir auserwählt,
daß aus dir kommt der Herr der Welt.‹«

Maria lag und lauschte stille:
»Da war es also Gottes Wille,

daß wir hierher so lange gingen.
Ja, Joseph, was die Engel singen,

das zeigt, daß Gott die Welt regiert.
Er hat uns wunderbar geführt.

Und auch der Kaiser, der sich denkt,
er sei der Herr, der alles lenkt,

er mußte alles inszenieren,
um uns nach Bethlehem zu führen.«

All Müh und Plag war nun vergessen,
auch Joseph hat still dagesessen

und, da er alles jetzt begriffen,
zum Lied der Engel mitgepfiffen.

So klang dies Lied im engen Stall,
doch heute hört man's überall.

Es klingt in Dorf und Stadt und Land
und macht der ganzen Welt bekannt,

daß Gott uns liebt und unsre Nacht
in Jesus Christ hat hell gemacht.

# Die Hirten

In Bethlehem war alles still,
weil nachts gern jeder schlafen will.

Es brannte nirgendwo mehr Licht.
Nur ein paar Hirten schliefen nicht.

Sie haben nämlich jene Nacht
bei ihren Herden zugebracht.

Denn manchmal, wenn sie morgens zählten,
passierte es, daß Schafe fehlten.

In jener Gegend gab es Bären,
die sich ja gern von Vieh ernähren.

Und diese haben, müßt ihr wissen,
sich ab und zu ein Schaf gerissen.

War das geschehen, ja dann trafen
die armen Hirten harte Strafen

und ihnen ging es an den Kragen.
Der Gutsbesitzer ließ sie schlagen.

Sie mußten außer diesen Qualen
den Schaden jenem noch bezahlen!

Ein Hirte war ja nur ein Knecht,
und dem ging's ganz besonders schlecht.

Damit der Herde nichts passiert,
hat man nun Nachtschicht eingeführt.

In dieser Nacht waren sie drei –
der alte Ruben war dabei,

der Schäfermeister Jonathan
und Sem, der fing die Lehre an.

Die Drei warn also aufgeblieben
und mußten heute Wache schieben.

Sie hatten Feuer angemacht,
denn es war kalt in jener Nacht.

Sie schauten in das Spiel der Funken
und haben heißen Tee getrunken.

Der Hirtenstab lag neben ihnen,
der mußte oft als Waffe dienen.

Sie konnten gegen freche Bären
sich damit wirklich sehr gut wehren.

Die Kälte drang durch jedes Loch,
und Ruben schlug den Kragen hoch.

»Mein Mantel ist schon ganz zerrissen.
Ich hätte ihn längst weggeschmissen,

ein neuer aber ist zu teuer.
Sem, leg noch etwas Holz aufs Feuer!«

»Ich finde das sehr ungerecht!«
sagt Jonathan. »Uns geht es schlecht.

Wir sind und bleiben bettelarm.
Der Gutsherr aber, der liegt warm

und faul in seinem feinen Bett
und wird dabei ganz dick und fett.

Wenn meine Kinder nur die Betten
von diesem alten Geizhals hätten.

Für uns ist ja ein Stall genug.
Ist das nicht Unrecht und Betrug?«

Der Schäfermeister Jonathan
fing gern mit diesem Thema an.

Und dann regt er sich mächtig auf.
Aus diesem Grund sagt Ruben drauf:

»Du weißt, mein lieber Jonathan,
daß ich dich gut verstehen kann.

Auch mir tut es im Herzen weh,
wenn ich das ganze Unrecht seh.

Doch war's nicht so zu allen Zeiten?
Uns Hirten kann noch niemand leiden!

Man schimpft uns Diebe und Betrüger.
Doch schweig dazu, das ist viel klüger.

Da ändert niemand etwas dran.
Du bist und bleibst ein kleiner Mann.

Es wird erst alles anders werden,
wenn der Messias kommt auf Erden.

Vor Gott sind nämlich alle gleich,
bei ihm gilt weder arm noch reich.«

Doch Jonathan sagt sehr erbost:
»Das ist für mich ein schwacher Trost!

Ich glaube nicht, daß Gott uns liebt,
wenn es noch so viel Unrecht gibt.

Wenn Gott nichts für uns Arme tut,
dann ist er böse und nicht gut!

Vielleicht ist er auch taub und blind
wie manchmal alte Leute sind.«

Ruben fährt hoch: »Laß deinen Spott!
Fürchtest du dich denn nicht vor Gott?

Er wird uns strafen und vernichten!
Denkst du, Gott läßt sich von uns richten?

Wir Hirten machen ihm oft Not,
verstoßen gegen sein Gebot.

Bis jetzt hat er mit uns Geduld
und straft uns nicht für unsre Schuld.«

Jonathan knurrt: »Du hast schon recht.
Es stimmt, wir Hirten sind oft schlecht.

Wir wären aber keine Diebe,
wenn nicht die Not uns dazu triebe.

Es ist halt eine böse Zeit.
Ach, Ruben, lassen wir den Streit.«

Er greift nach seiner Hirtenflöte
und klagt auf dieser seine Nöte.

Versonnen spielt er darauf leise
und traurig eine Hirtenweise.

Die Schafe schlafen in der Hürde.
Ob noch ein Bär heut kommen würde?

Die Hunde, die bei ihnen sitzen,
die werden schon die Ohren spitzen!

Weil sie das wissen, ja, da können
die drei sich auch ein Schläfchen gönnen. – –

Ruben erwacht – und er erschrickt.
War er schon lange eingenickt?

Ein paar Minuten oder Stunden?
Was gibt es denn dort bei den Hunden?

Und woher kommt das helle Licht?
Träumt er das alles – träumt er nicht?

Der ganze Himmel steht in Flammen!
Die Welt bricht über sie zusammen!

Schnell weckt er Sem und Jonathan.
Die schauen ihn verschlafen an.

Sem denkt zuerst, weil er noch döst,
daß jemand ihn vom Dienst ablöst.

Doch plötzlich fällt er auf die Knie.
Denn so etwas sah er noch nie.

Ein unbeschreiblich heller Glanz
erfüllt ringsum die Erde ganz.

Und er ruft laut: »O große Not!
Gott straft uns jetzt, dann sind wir tot!«

Auch Jonathan ist aufgeregt,
weil ihm jetzt sein Gewissen schlägt.

»Gott richtet uns für unsre Sünden!
Wir müssen schnell von hier verschwinden!«

Doch alle sind noch starr vor Schreck,
und keiner rührt sich fort vom Fleck.

Ja, wohin sollten sie auch fliehen?
Sie bleiben deshalb lieber knien.

Was ist denn das für heller Klang?
Das hört sich an wie ein Gesang!

Solch eine zarte Melodie
vernahmen sie bisher noch nie.

Sie wagen schließlich aufzuschauen
und wollen kaum den Augen trauen.

Sie sehen nämlich eine Schar
von Engeln, hell und wunderbar.

Und diese kommen nah heran
und blicken sie ganz freundlich an.

Ein Engel sagt: »Fürchtet euch nicht!
Gott sendet uns nicht zum Gericht!

Nein, Gott bereitet vielmehr heute
euch Hirten eine große Freude.

Er schickt uns her, damit ihr wißt,
daß Jesus Christ geboren ist –

der Retter, von dem die Propheten
in Israel seit alters reden.

Maria hat in dieser Nacht
das Jesuskind zur Welt gebracht.

Ihr Hirten findet dieses Kind
im Stall, wo Ochs und Esel sind.

In einer Krippe liegt es dort,
denn keiner hatte Platz im Ort.«

Und nochmals singt der Engelchor
ein Lied den armen Hirten vor.

Und es erschallt minutenlang
ihr wundervoller Lobgesang.

»Lob, Ehr sei Gott im höchsten Thron
und Jesus Christus, seinem Sohn

Und Fried den Menschen auf der Welt,
die leben, wie es Gott gefällt.«

Die Hirten haben dagesessen
und alles andere vergessen.

Sie halten fast den Atem an,
weil man so besser lauschen kann.

Der letzte Ton war kaum verklungen,
da sind sie aber aufgesprungen.

Denn ihre Freude war sehr groß.
Sem will gleich auf der Stelle los.

Der alte Ruben hält zum Glück
ihn einen Augenblick zurück.

»Wir müssen doch noch schnell bedenken,
was wir dem Jesuskindlein schenken!«

Die armen Hirtenleute haben
natürlich keine großen Gaben.

Sem holt die Hirtenflasche schnell.
Sie packen ein ein warmes Fell,

ein Fläschchen Milch und ein Stück Brot,
denn das braucht jeder in der Not.

Und Jonathan steckt zu der Flasche
noch seine Flöte in die Tasche.

Die Drei ziehn los, voran geht Sem.
Sie eilen Richtung Bethlehem

und schauen, ob man in der Nähe
in einem Stall Licht brennen sähe.

Sie kennen ringsum überall
als Hirtenleute jeden Stall.

Tatsächlich – dort ist es noch hell!
Die armen Hirten laufen schnell

und schauen in das Fenster rein.
Da liegen im Laternenschein

Maria, Joseph und das Kind.
Ob sie hier wohl auch richtig sind?

Ruben klopft an. Man ruft: »Herein!«
Die Hirten treten zögernd ein.

Sie bleiben an der Türe treten,
und keiner wagt, zuerst zu reden,

bis Joseph fragt: »Ihr seid wohl Hirten,
die sich im Dunkeln hier verirrten?«

Jonathan sagt: »Nein, lieber Mann!
Es ist ganz anders! Hört mich an!

Wir wachten draußen bei der Herde,
damit kein Schaf gestohlen werde.

Doch da zerriß ein helles Licht
die Dunkelheit – ihr glaubt es nicht!

Wir sahen Engel hell und klar,
die sangen einfach wunderbar!

Ein Engel sprach, daß Jesus Christ
in Bethlehem geboren ist –

in einem Stall auf Heu und Stroh.
Nicht wahr, Ruben, es war doch so?!«

Da hat Ruben kräftig genickt.
Maria hat sie angeblickt.

»Ein großes Wunder ist geschehen:
Ihr durftet Gottes Engel sehen.

Seht auch das Kind, das bei uns liegt,
das alle Dunkelheit besiegt.«

Die Hirten treten dicht heran
und schauen sich das Kindlein an.

Und ihnen wird ganz warm ums Herz.
Vergessen sind all Not und Schmerz.

Jonathan meint: »Es ist ein Kind
wie tausend andre Kinder sind –

und dennoch ist es Gottes Sohn!
Doch warum liegt es wie zum Hohn

in einer Krippe?« Joseph sagt:
»Ich hab in jedem Haus gefragt,

doch niemand hat uns aufgenommen.
Da ist das Kind hier angekommen.

Ich habe Gott zuerst gegrollt.
Doch sicher hat er's so gewollt,

das Jesus hier geboren würde,
ganz arm und klein grad wie ein Hirte.

Denn somit wissen wir ab heute:
Gott liebt auch alle kleinen Leute.«

Da liegt das Kind, auf Heu und Stroh.
Die Hirten staunen und sind froh.

Sem packt die Hirtentasche aus.
Er nimmt das warme Fell heraus,

das Brot, die Milch und schenkt dem Knaben
ganz aufgeregt die armen Gaben.

»Du, Kind, wirst einst ein großer König,
doch bringen wir dir nur sehr wenig.

Wir haben selbst nicht viel zu essen,
weil uns die Reichen oft vergessen.

Wir müssen draußen bei den Tieren
bei Wind und Wetter auch oft frieren.

Drum bitten wir dich, Herr der Welt,
denk an uns Hirten auf dem Feld!«

Der alte Ruben sagt: »Wie gern
knie ich vor Jesus, meinem Herrn.

Ich darf mit meinen siebzig Jahren
noch heute dieses Glück erfahren.

Ich bin so froh, Herr Jesu Christ,
daß du zu uns gekommen bist –

so arm und klein, genau wie wir.
O Jesuskind, wie dank ich dir.«

Jonathan holt die Hirtenflöte.
Sonst klagt er darauf seine Nöte,

doch jetzt spielt er ein frohes Lied,
und Sem und Ruben singen mit.

Die Hirten ziehn wieder davon.
Es dämmert jetzt inzwischen schon.

Das Dorf erwacht, man hört das Vieh.
Ein Hahn ruft stolz: »Kikeriki!«

Die Hirten sprechen jedermann,
der kommt, gleich auf der Straße an.

Und so verbreitet sich die Kunde,
und bald geht es von Mund zu Munde,

daß Gott in der vergangnen Nacht
dem ganzen Volk das Heil gebracht.

Die drei Weisen

Es lebten grad zur selben Zeit
drei Männer, die warn sehr gescheit.

Sie lebten fern im Morgenland
und waren weit und breit bekannt

und sehr begehrt. Tagein, tagaus
strömten die Leute zu dem Haus,

wo ihre Arbeitszimmer lagen.
Dort standen sie an manchen Tagen,

wenn viele kamen, sogar Schlange.
Dann warteten sie oft sehr lange.

Doch weshalb kam man so gelaufen?
Gab's hier vielleicht etwas zu kaufen?

Nein, nein, die drei warn Astrologen!
Das hat sie alle angezogen.

Die Männer sollten all den Leuten
die Zukunft aus den Sternen deuten.

Man glaubte damals noch daran,
daß man so etwas machen kann.

In ganz verschiednen Lebenslagen,
da hörte man die Leute sagen:

»Laßt uns zu den drei Weisen gehen
und sehen, wie die Sterne stehen.«

Man kam sogar mit Ehefragen.
Und Händler ließen sich gern sagen

von den drei Weisen, ob und wann
man gut Geschäfte machen kann.

Selbst Könige sah man bisweilen
um Rat zu den drei Weisen eilen

und fragen, was im Augenblick
zu tun sei in der Politik.

Der Andrang war fast immer groß
und unsre Drei nie arbeitslos.

Sie konnten dabei gut verdienen –
die Sterne meinten's gut mit ihnen.

Ein jeder lebte ganz famos
und luxuriös in einem Schloß.

Besucher schauten dann und wann
sich die gepflegten Gärten an.

Es lag dort in der ganzen Luft
ein wundervoller Blumenduft.

Und in der Mitte war ein Teich.
Man sah, die Weisen waren reich.

Fast lebte jeder wie ein König.
Es fehlte wirklich nur ganz wenig.

Darum verkehrten die drei Weisen
auch nur in allerhöchsten Kreisen.

Nur – dazu fehlte meist die Zeit.
Denn hatten sie Gelegenheit,

nahmen sie ihre Himmelskarte
und gingen in die Sternenwarte.

Dort haben sie oft lang gesessen
und alles andere vergessen.

Und da geschah's in einer Nacht,
die sie dort wieder zugebracht,

daß sie am Himmel etwas sahn,
das warf sie völlig aus der Bahn.

Die Nacht war warm und sternenklar,
die Sicht ganz einfach wunderbar.

Sie schauten sich die Sterne an
und trugen dabei dann und wann

etwas in ihre Karten ein.
Die Welt schlief sanft im Mondenschein.

Nur die drei Weisen auf dem Dach
studierten noch und waren wach.

Nach Stunden sagte Balthasar,
der einer von den Weisen war:

»Hört zu, Kaspar und Melchior,
ich leg mich jetzt erst mal aufs Ohr!«

Die andern zwei haben indessen
sehr aufmerksam noch dagesessen

und plötzlich einen Stern entdeckt,
der sofort ihr Interesse weckt.

Der Stern, der hell am Himmel stand,
war beiden völlig unbekannt.

Sie warn, das ahnten beide nur,
einem Geheimnis auf der Spur.

Sie schlugen nach im Lexikon,
doch leider stand dort nichts davon.

So mußten sie mit Sterntabellen
die Bahn des Sternes selbst feststellen.

Die zwei vergaßen ganz die Zeit.
Doch schließlich waren sie soweit.

Und Kaspar rief: »Geh ich nicht fehl,
weist uns der Stern nach Israel!

Ein König, der die Welt regiert,
wird dort geboren – garantiert!

Wir sind die ersten, die das wissen.«
Das hat sie fast vom Stuhl gerissen.

Und daraufhin schlug Melchior
begeistert seinem Freunde vor:

»Der Weg dorthin ist zwar sehr weit.
Es wäre aber sehr gescheit,

wenn wir jetzt sofort losmarschieren,
um jenem Kind zu gratulieren.«

Sie kamen dabei zu dem Schluß,
daß Balthasar das wissen muß.

Mir ist in meinem ganzen Land
von eurem Kinde nichts bekannt.

Bis heute liegt die Staatsgewalt
in meiner Hand. Ich bin zwar alt,

doch will ich noch paar Jahre leben!
Und ohne Gnade hab ich eben

mit ein paar Leuten aufgeräumt,
die schon von meinem Thron geträumt!«

Er schweigt, als ob er sich besinnt.
»Ihr sucht, sagt ihr, bei uns ein Kind?

Und dieser helle Stern, nicht wahr,
das ist doch wirklich sonderbar.«

Auf einmal faßt er sich ans Herz,
als fühlte er dort starken Schmerz.

Es fällt ihm nämlich plötzlich ein:
Das Kind kann der Messias sein!

Er wird erst rot und dann ganz bleich,
und ein, zwei Diener springen gleich,

um ihrem König beizustehen.
Der aber schreit: »Laßt mich bloß gehen!

Holt mir die Schriftgelehrten her!«
Schon rennen Boten kreuz und quer

durch ganz Jerusalem und holen
die Schriftgelehrten, wie befohlen.

Nach kurzer Zeit umringen schon
sie seinen königlichen Thron.

»Es geht um ernste Staatsgeschäfte,
und ihr seid meine besten Kräfte.«

Geschmeichelt schaut jeder Gelehrte
vor seinem König auf die Erde.

»So mußte ich euch rufen lassen.
Doch will ich möglichst kurz mich fassen.

Da kamen plötzlich Männer heute –
drei wirklich sehr studierte Leute –,

die sich auf Sternkunde verstehen.
Sie hätten jetzt den Stern gesehen

vom Herrscher, der die Welt regiert.
Der Stern hat sie hierher geführt.

Wie war das doch bei den Propheten,
wenn sie von dem Messias reden –

wo sollt er gleich geboren werden? – –
Ihr seid doch meine Schriftgelehrten!«

Den Männern blieb vor Angst und Schreck
zunächst erst mal die Sprache weg.

Sie kannten ihren König gut
und zitterten vor seiner Wut.

Sie dachten alle nur entsetzt:
»Ist der Messias wirklich jetzt

in dieser Zeit geboren worden,
läßt ihn Herodes gleich ermorden.«

Die Lage sah gefährlich aus.
Doch wollten sie hier wieder raus,

mußten sie ihm die Wahrheit sagen:
»Wenn wir die heilge Schrift befragen,

soll der Messias hier auf Erden
in Bethlehem geboren werden.«

Herodes sagte voller Freude:
»Ihr Herren, das genügt für heute!«

Auf einmal wechselt er den Ton:
»Zu niemandem ein Wort davon!

Wer seine Schweigepflicht verletzt,
wird unverzüglich abgesetzt.

Ich denke, daß wir uns verstehen.
Doch Schluß damit, ihr könnt jetzt gehen.«

So gingen schließlich diese Leute
ziemlich bedrückt aus dem Gebäude.

Herodes aber lud die Weisen
sehr freundlich ein, mit ihm zu speisen.

Er sagte dann beim Abendessen:
»Ach so, fast hätte ich's vergessen.

Das Kind kann nur, das fiel mir ein,
in Bethlehem geboren sein.

Dorthin sind es nur zwei, drei Stunden.
Dann habt ihr euer Kind gefunden.«

Da blickte Kaspar auf vom Teller,
und sein Gesicht war gleich viel heller.

»Wenn wir so kurz vorm Ziele stehen,
schlage ich vor, daß wir jetzt gehen.«

So eilten die drei schnell davon.
Es dunkelte inzwischen schon.

Herodes hat noch auf den Stufen
beim Abschied ihnen nachgerufen:

»Hört, auf dem Rückweg kommt ihr drei
bei mir auf einen Sprung vorbei!

Und ihr erzählt gefälligst dann,
wo ich das Kindlein finden kann!«

Doch diese haben gleich gespürt,
daß er etwas im Schilde führt,

und es sich ganz fest vorgenommen,
hier nicht noch mal vorbeizukommen.

Der Stern schien ungewöhnlich hell,
und die drei Weisen folgten schnell

und hocherfreut dem hellen Strahl –
bis dieser über einem Stall

ganz unvermutet stehenblieb.
Das war den Weisen gar nicht lieb.

Ein Königskind, das leuchtet ein,
kann nicht im Stall geboren sein!

Sie blieben stehn, um zu verschnaufen.
»Will man uns denn für dumm verkaufen?«

rief Kaspar und war ganz empört.
»Das ist ja wirklich unerhört!

In einem Stall, so ein Gestank!
Nein, meine Freunde, vielen Dank!

Hier bringt mich kein Kamel hinein.
Ich dürfte sonst kein Weiser sein!«

Auch Melchior war ganz verwirrt:
»Da haben wir uns doch geirrt

und schließlich uns zu guter Letzt
nun doch vergeblich abgehetzt!

Das wird mir leider jetzt erst klar.
Wir reisen fast ein halbes Jahr,

schlagen uns Nächte um die Ohren –
dabei ist gar kein Kind geboren!«

Die Weisen waren fassungslos
und die Enttäuschung riesengroß.

Trotz allem warteten die Guten
erst einmal vier bis fünf Minuten.

Vielleicht zieht dieser Stern doch weiter!
Doch hofften sie vergeblich, leider.

Und Melchior beschloß darum:
»Ich kehre auf der Stelle um!«

Bei Balthasar kam's selten vor,
daß er so schnell den Kopf verlor.

Er sah – im Stall, da war es hell!
Und darum sprang er vom Kamel

und ging ganz vorsichtig hinein.
Dort sah er im Laternenschein

paar Tiere und auch Menschen liegen
und eine Frau ein Kindlein wiegen.

»Ihr guten Leut', es tut mir leid.
Ich komme hier hereingeschneit.

Natürlich bin ich hier nicht richtig.
Doch was ich wissen will, ist wichtig.

Wir suchen hier ein Königskind.
Könnt ihr uns helfen? Sagt's geschwind!«

»Da liegt es!« sagte Joseph nur.
»Hier ist doch wirklich keine Spur

von Königspracht«, lacht Balthasar.
»Doch irgendwie ist's sonderbar.

Seh ich in dieses Angesicht,
springt froh mein Herz. Ich glaube nicht,

daß je ein Stern mich so erfreute
wie dieses arme Kindlein heute.

Ich fühle mich so froh und frei!«
Dann holte er die andern zwei,

erzählte ihnen von dem Kind
und daß sie jetzt am Ziele sind.

So ließen sich die zwei Kollegen
von ihrem Freund doch noch bewegen,

in diesen armen Stall zu gehen.
Dort blieben sie betreten stehen

und waren sprachlos. Melchior
kratzte sich lange hinterm Ohr.

»Das alles ist für den Verstand«,
sprach er, »doch wirklich allerhand.

Hier wird ja auf den Kopf gestellt,
was sonst in unsern Kreisen zählt:

Vernunft, Berechnung, Macht, Gewalt.
In dieser ärmlichen Gestalt

soll Gottes Sohn gekommen sein?
Wem fiele das im Traume ein!

Wenn ich das alles fassen will,
so stehe ich vor Staunen still.«

Auch Kaspar schüttelte das Haupt.
»Wer hätte von uns das geglaubt!

Der Herrscher übers Weltenall
liegt arm und bloß in einem Stall!

Gibt es denn so was auf der Welt?
Ich glaubte bisher nur ans Geld

und daß Gott für uns Reiche ist.
Jetzt sehe ich an Jesus Christ,

daß Gott ganz arm wird und ganz klein.
Wie groß muß dieser Gott wohl sein!«

Die Weisen schauten immer wieder
zum Kind in seiner Krippe nieder

und beugten dankbar ihre Knie.
So fröhlich waren sie noch nie.

Sie packten ihre Koffer aus,
und jeder nahm etwas heraus

und brachte es dem Kindlein dar –
viel Weihrauch, Myrrhe, Gold sogar!

Vor allem aber schenkten sie
dem Kind ihr Herz. Und irgendwie

waren sie selbst wie Kinder neu
und haben dankbar ohne Scheu

mit Freude und aus vollen Lungen
dem Christuskind ein Lied gesungen.

Inhalt